LE
RELÈVEMENT DES BLESSÉS

SUR

LE CHAMP DE BATAILLE

Chien sanitaire — Éclairage du champ de bataille

PAR

le Médecin Principal BERTHIER

PARIS

LIBRAIRIE MILITAIRE R. CHAPELOT ET Cie

IMPRIMEURS-ÉDITEURS

30, Rue et Passage Dauphine, 30

—

1910

LE
RELÈVEMENT DES BLESSÉS

SUR

LE CHAMP DE BATAILLE

Chien sanitaire — Éclairage du champ de bataille

PAR

le Médecin Principal BERTHIER

PARIS

LIBRAIRIE MILITAIRE R. CHAPELOT ET Cᵢₑ

IMPRIMEURS-ÉDITEURS

30, Rue et Passage Dauphine, 30

—

1910

LE
RELÈVEMENT DES BLESSÉS
SUR LE CHAMP DE BATAILLE

Chien sanitaire. — Éclairage du champ de bataille[1].

Les grandes batailles de l'avenir dureront plusieurs jours. En 1870 les batailles les plus décisives, Wœrth, Mars-la-Tour, Sedan, n'avaient duré qu'un jour. Avec la tactique et l'armement modernes la physionomie du champ de bataille s'est transformée complètement. Les troupes sont terrées, cachées dans les tranchées, masquées à l'abri d'ondulations de terrain. Le profil du champ de bataille apparaît comme désert. Le terrain est balayé par les rafales d'artillerie. L'infanterie s'avance par bonds, pour se terrer à nouveau, exécutant des feux à tir rasant qui balayent tout. On ne peut pas et on ne doit pas tenir debout sur le champ de bataille. Le service de santé doit lui aussi se plier à cette règle et subordonner sa tactique aux exigences nouvelles du combat. Notre Règlement du service de santé en campagne, qui date de 1892, prévoit que « *pendant l'action* les brancardiers

---

[1] Conférence faite le 1er mai 1909 au Cours d'instruction du service de santé de Montauban.

explorent sous la conduite du médecin auxiliaire, la zone comprise entre les réserves de bataillon et les réserves de régiment. La zone qui s'étend entre la ligne de feu et les réserves de bataillon est explorée dès que les circonstances du combat le permettent». Bientôt nous aurons un nouveau règlement du service de santé en campagne qui certainement fera justice de ces impossibilités. Il est maintenant admis par tous que le relèvement des blessés ne peut plus être opéré dans les conditions prescrites par le règlement : les conditions du combat moderne ne le permettent pas. Les brancardiers circulant sur le champ de bataille deviendraient un point de mire et seraient rapidement sacrifiés, et il n'est pas exagéré de dire que faire transporter un blessé sur un terrain balayé par le feu serait vouloir le conduire à la mort.

Sur le champ de bataille la consigne pour tous est de se faire invisible. Le commandement ne permettrait jamais que le terrain fût jalonné par les allées et venues des brancardiers, ce qui aurait pour premier résultat d'indiquer à l'ennemi la position des troupes. On peut donc compter que pendant la bataille le terrain de combat sera le plus souvent inaccessible aux équipes de brancardiers.

L'homme blessé n'a qu'une pensée, se mettre à l'abri d'atteintes nouvelles, si ses forces et sa blessure le lui permettent. Il se blottit dans une tranchée, dans un fossé, derrière un talus, un buisson, derrière n'importe quel obstacle du sol, où il se sent protégé contre les projectiles. Il se constitue ainsi ce que nous appelons des *nids de blessés*, refuges où les blessés guidés par l'instinct de conservation viennent se cacher à l'abri du feu. Beaucoup de ceux qui peuvent marcher s'éloignent du terrain de combat et quelquefois se réfugient très loin. D'après l'estimation de M. Follenfant les trois cinquièmes au moins du total des blessés sont capables de faire de longues routes et de s'évacuer eux-mêmes très loin. Ils rejoignent les postes de secours régimentaires, dont il faut s'efforcer de signaler l'emplacement, tout en les mettant à l'abri des vues de l'ennemi, comme l'a demandé très justement notre directeur technique, M. le médecin principal de Santi : c'est faciliter l'accès du poste de secours aux blessés pouvant marcher[1] Un plus grand nombre vont directement à l'ambulance, à l'hôpital de campagne ; ou bien ils se réfugient dans les villes voisines. Pendant cet exode, d'après les rapports des médecins russes, beaucoup de blessés furent touchés à nouveau en traversant la zone battue par le tir ennemi.

On lit dans le *Medical Record* du 23 décembre 1899 : « A la bataille d'Elandslaagte (Transvaal) le feu a cessé tard dans la nuit. De nombreux blessés ont passé la nuit sans secours sur le champ de bataille par une pluie froide, sans pouvoir gagner l'ambulance ; sans doute beaucoup sont morts qui, relevés à temps, auraient pu survivre. »

Je vous citerai aussi cette curieuse lettre du chirurgien Küttner, publiée dans le *Münchener Medical Woch* 1900 : « Nous venons de recevoir les blessés du laager de Cronje à la Modder River. Ce qu'ils ont dû souffrir dépasse toute description. Il n'y avait pas de secours médicaux. Les blessés sont restés dix jours dans les buissons, près de la rivière, avec des feuilles de tabac pour tout pansement. Plusieurs ont été tués par les obus, ou ont été blessés une seconde fois.

« Tandis que les blessés des premiers combats, qui nous étaient parvenus rapidement, nous ont donné beaucoup de succès et peu de morts, il n'en a plus été de même pour ceux-ci, dont presque toutes les plaies étaient infectées. Pour ces derniers il a fallu faire chaque jour de

---

[1] *Caducée*, 7 novembre 1908. De Santi : « Le signalement des formations sanitaires de l'avant ».

nombreuses opérations et, entre autres, des amputations que jusque-là on avait pu éviter. Bon nombre de blessés sont morts de septicémie, et quelques-uns de tétanos. »

Dans une étude sur le service de santé en campagne de l'armée japonaise publiée par une revue militaire autrichienne, il est relaté que le feu de l'ennemi empêchait souvent le relèvement des blessés ; que des blessés restèrent trois ou quatre jours sans être relevés, et que pendant l'hiver il en résulta chez ces blessés des cas de congélation. Du côté russe, Follenfant rapporte le fait suivant, à propos de l'affaire de Sandépou, du 27 janvier 1905 : « Les voitures de régiment essayèrent de se diriger sur le terrain où gisaient les blessés et les morts. Mais deux ou trois seulement arrivèrent ; les autres furent arrêtées en route par des blessés revenant en arrière, et elles devenaient forcément le centre d'un groupement très visible et le point de mire de l'artillerie japonaise. Beaucoup d'hommes furent mis hors de combat ou blessés à nouveau ; des voitures furent démolies et abandonnées ; les autres revinrent et se dirigèrent vers le poste de secours. Mais quand le mouvement de recul du poste de secours commença, elles ne firent plus aucun voyage ; de même aucun brancardier venant de l'arrière ne parut plus sur le terrain. » En effet ce poste de secours, qui se trouvait à 3,000 mètres de la ligne ennemie, avait été obligé de rétrograder, parce qu'une batterie russe, venue s'installer dans son voisinage, attira sur lui le feu de l'artillerie ennemie.

Sassaparel, médecin militaire russe, a fait un intéressant tableau du service de santé de première ligne pendant les batailles de février et mars, au cours desquelles il était attaché à un groupe de batteries dépendant de la division des tirailleurs de Sibérie commandés par le général Danilov. Il raconte que « le travail était ininterrompu jour et nuit au poste de secours. Les nuits surtout étaient terribles. Quand, avec le soir, le grondement du canon cessait, l'arrivée des blessés devenait plus fréquente, et le poste de secours travaillait à plein. Pendant le jour, on avait moins à faire, parce que balles et obus empêchaient de retirer les blessés des endroits battus et de les apporter. Les blessés eux-mêmes demandaient qu'on les laissât tranquilles. »

Voilà des faits de constatation particulièrement intéressants pour nous. Ils prouvent que le relèvement des blessés sera très difficile pendant le jour, souvent impraticable. Ils nous apprennent aussi qu'il est d'impérieuse nécessité de secourir les blessés aussitôt que possible. Comment donc seront secourus les blessés et comment sera fait le relèvement, puisque le personnel du poste de secours ne sera pas libre d'aller et de venir sur le champ de bataille, et puisque le poste de secours sera le plus souvent placé très loin de la ligne de feu? Follenfant rapporte qu'en général les postes de secours russes étaient placés à 2,000 mètres de la ligne de feu. C'est là un lourd problème à résoudre. La grosse préoccupation du service de santé sur le champ de bataille sera sûrement le relèvement des blessés et leur évacuation. Faut-il accepter cette opinion pessimiste que souvent le relèvement des blessés ne pourra pas se faire et que nos blessés seraient exposés à rester sans secours pendant deux et trois jours? Nous n'adopterons pas un pronostic aussi décourageant.

S'il s'agit d'un combat de rencontre qui ne dure que quelques heures et qui se termine d'une façon favorable, la solution est simple. La troupe a progressé en avant. Le poste de secours, ou mieux l'ambulance, vient s'installer en plein terrain de combat dès que celui-ci n'est plus exposé au feu de l'ennemi, et on procède au relèvement.

Dans les grandes batailles qui dureront plusieurs jours, il est à prévoir qu'avec notre organisation actuelle du service de santé et avec les nécessités du combat moderne, les blessés resteraient souvent de longues heures, toute la journée, plusieurs jours sur le terrain sans recevoir de secours. Il est évident qu'il sera possible, pour faire le relèvement, de profiter d'une disposition de terrain bien défilé, d'un mouvement en avant. Mais ces déplacements de la ligne combattante pourront aussi ne porter que sur quelques centaines de mètres, sans que le poste de secours soit à même d'en profiter pour porter secours aux blessés et pour opérer le relèvement. Dans le combat, il existe des accalmies dont parfois aussi il sera possible de profiter. Mais l'accalmie sera-t-elle assez longue pour permettre aux brancardiers d'effectuer leur voyage d'aller et retour? Il est à présumer qu'ils seraient surpris souvent par la reprise du feu et qu'ils subiraient le sort de tout homme s'exposant debout sur le champ de bataille. Les accalmies peuvent avoir des raisons multiples : manque passager de munitions, fatigue des hommes. L'accalmie peut tenir à ce que les ennemis n'ont pas devant eux de but vivant visible. Les brancardiers, en se portant en avant, viendraient donc rompre le charme et rappeler le feu en l'attirant sur eux. Mais il est une accalmie sur laquelle nous devons absolument compter pour opérer le relèvement des blessés : c'est l'accalmie de la nuit. Et on peut concevoir ainsi comment fonctionnerait le service de santé régimentaire. A la tombée de la nuit, le combat étant suspendu, le médecin chef de service fait porter en avant tout le personnel médical régimentaire. Il a divisé le terrain de combat de son régiment en autant de secteurs qu'il y a de bataillons. Sur chaque secteur se développe un poste de secours chargé du relèvement. Ce *poste de relèvement* se fera mobile, s'installera à proximité de la ligne de tirailleurs, au voisinage des nids de blessés qui se sont constitués pendant le combat. Le terrain sera fouillé dans tous les sens par les brancardiers. Les blessés seront transportés au point le plus voisin de la route carrossable, où le relai d'ambulance accéderait sans inconvénient pendant la nuit. Il importe en effet de diminuer le plus possible la distance à parcourir par les brancardiers afin de gagner du temps : le transport à bras est long et fatigant. Si les conditions du terrain le permettent, les voitures à deux roues et les mulets de cacolets seront amenés aussi près que possible des groupements de blessés, ce qui sera relativement facile pendant la nuit.

Au poste de relèvement on appliquera des pansements simples, des appareils de contention. Cette intervention sommaire est indispensable, d'abord pour mettre les blessés en état d'être transportés, et parce que ces blessés qui vont affluer à l'ambulance pourront y attendre longtemps encore le secours chirurgical. Il faut donc les mettre en état d'attendre cette intervention plus complète.

Les postes de relèvement, qui doivent fournir un rendement aussi rapide que possible, auront-ils donc la charge de panser tous les blessés qui leur seront amenés ? Un certain nombre de blessés auront appliqué eux-mêmes sur leurs blessures le pansement individuel, dont tous, officiers et soldats, sont porteurs et qui pourra être jugé suffisant pour attendre l'arrivée à l'ambulance. Puisque, comme nous l'avons vu, les équipes de brancardiers ne peuvent pas circuler sur le terrain de combat pendant la bataille pour faire le relèvement, il est à penser que notre nouveau règlement en élaboration nous apportera le moyen de porter secours aux blessés sur la ligne de feu en attendant leur relèvement. Le Manuel de l'école de l'infirmier et du brancardier prévoit très sagement que « si le transport du blessé n'est pas possible pour une raison quelconque, il y a intérêt à protéger la plaie contre les impuretés qui pourraient venir la contaminer ». Afin d'assurer l'assistance sur la ligne de feu j'ai, pour ma part, proposé dès 1902, dans un rapport fait à l'issue des manœuvres du service de santé de Montpellier, qu'on laissât au bataillon son médecin auxiliaire et à la compagnie la moitié de ses brancardiers, l'autre moitié restant au poste de secours. Ces médecins auxiliaires, ces brancardiers représenteraient sur la ligne de feu l'élément médical, le secours à proximité des blessés, des combattants. Ils se terreraient comme les autres, ce qui leur serait facile, puisqu'ils n'auraient pas à traîner de matériel avec eux. Ils auraient seulement en bandoulière la musette à pansements. Ils seraient invisibles comme les autres. Leur intervention consisterait à appliquer le premier pansement avec le paquet individuel; en cas d'hémorrhagie, à faire de la compression avec une bande, avec le pansement individuel, ou, au besoin, à pratiquer la ligature des membres à la racine, et encore à immobiliser les fractures par des moyens de fortune. Ces brancardiers pourraient en rampant porter secours à leurs camarades blessés, les débarrasser de leur équipement, les aider à prendre une position meilleure et les mettre autant que possible à l'abri. Pour cela ils profiteraient des accalmies du feu. Ces accalmies, dont ne pourraient pas profiter sans imprudence les postes de secours, placés à une trop grande distance en arrière, seraient mises immédiatement à profit par les brancardiers et par les médecins auxiliaires restés sur la ligne de feu [1].

---

[1] « La difficulté de trouver dans les accidents du terrain les éléments de protection nécessaires à une grosse formation cesse pour les petits groupes sanitaires, qui multipliés et disséminés découvrent plus aisément, au contact de leurs unités, les abris suffisants à les masquer et à les garantir. Ce qui n'est pas possible à la masse devient facile à ses éléments, lesquels comptent dans les compagnies (infirmier et brancardier) et l'idée s'impose naturellement de créer derrière chaque compagnie pendant le combat ce que nous appelons des *nids de secours*, sortes

Dans une conférence que j'ai faite aux manœuvres du service de santé de Toulouse en août 1906, sur le *Service de santé de l'avant au combat*[1], je disais à propos de cette assistance sur la ligne de feu : « Ces brancardiers courraient encore de grands risques et leur rôle serait non moins beau et infiniment plus fructueux que celui que leur attribue notre règlement actuel, en leur faisant parcourir le champ de bataille pendant l'action. Il y a lieu en effet de penser que les brancardiers n'auront pas la force morale suffisante pour s'avancer lentement sous les rafales de projectiles avec leur blessé sur un brancard, à moins qu'on leur attribue une force surhumaine. Le brancardier qui, sur la ligne de combat ramperait pour porter secours à ses camarades et qui, entre temps, erait lui-même le coup de feu, aurait une autre résistance morale que le brancardier livré sans défense au feu de l'ennemi. »

Ceci n'est plus vrai. Le brancardier régimentaire, armé comme les autres soldats et pouvant faire le coup de feu, n'existe plus. Le Règlement provisoire sur le service de santé en campagne du 20 février 1909, que nous avons entre les mains depuis quelques jours seulement, nous apprend que les brancardiers régimentaires ne seront plus armés. Les dispositions de la convention de Genève du 6 juillet 1906 leur sont appliquées : ils sont neutralisés. Au lieu du brassard en drap du fond avec croix de Malte, ils porteront dorénavant le brassard international de la convention de Genève.

Ces médecins auxiliaires, ces brancardiers placés sur

---

de places de pansements rudimentaires, véritables prolongements avancés de l'organe régimentaire central d'assistance. Là viendront se faire panser pendant l'action tous les blessés susceptibles de se mobiliser sans le secours des brancardiers qui, eux, doivent attendre une accalmie pour procéder au relèvement et au transport des blessés plus graves. » (TOUSSAINT, Cours de service de santé en campagne; 1906.)

[1] *Journal des Sciences militaires*, janvier et février 1907.

la ligne de feu auraient donc donné les premiers soins urgents ; ils auraient appliqué un grand nombre de pansements, ce qui faciliterait beaucoup et rendrait plus rapide la besogne des postes de relèvement.

Le relèvement des blessés sera aussi intensif que possible, ce qui sera le mieux obtenu par les groupements médicaux de bataillon agissant séparément avec plusieurs équipes de brancardiers. Si les brancardiers ne suffisent pas, le commandement mettra à la disposition du service de santé des corvées de soldats. Il y aura un effort considérable à faire pour lequel le service de santé recevra certainement toute l'aide nécessaire.

Le commandement a le devoir impérieux de faire donner aux blessés les secours auxquels ils ont droit, et, d'autre part, il est indispensable que le terrain de combat soit déblayé de ses morts et de ses blessés. Si cela n'était pas, ce serait atteindre profondément le moral des combattants qui, sur le même champ de bataille, au jour levant devront reprendre la lutte. Pour ce relèvement, on devra prévoir un service de transport aussi intensif que possible. Tous les moyens de transport de l'ambulance de division, de l'ambulance de corps, toutes les voitures auxiliaires que le commandement pourra mettre à la disposition ne seront pas de trop pour faire cette évacuation qui sera longue, étant donné que l'ambulance se trouvera généralement à 5 ou 6 kilomètres au moins de la ligne de feu. On aura aussi recours, dans la mesure du possible, à des voitures de réquisition.

« Les soins chirurgicaux, a écrit Port, ne sont que la moitié des soucis, et l'autre moitié, c'est l'enlèvement des blessés et leur transport au loin. Le séjour sur le champ de bataille est si dangereux qu'il vaut mieux pour le blessé être mis à l'abri que pansé. Vous aurez beau installer pour le mieux votre blessé derrière un talus ou dans un fossé, arrive un éclat d'obus et tout est perdu ; donc les blessés en arrière à tout prix. »

Les organes de relèvement sont le poste de secours régimentaire et l'ambulance, qui n'est elle-même qu'un grand poste de secours.

Le poste de secours régimentaire fait le relèvement à bras ; il dispose de 48 brancardiers, soit 16 brancardiers par bataillon, avec en plus un caporal brancardier par bataillon et un sergent brancardier pour le régiment. Chaque bataillon a, dans son approvisionnement de voiture médicale, 8 brancards, ce qui donne 24 brancards par régiment. Peuvent être aussi utilisés comme brancardiers les 38 musiciens du régiment.

L'effectif d'une ambulance de division en brancardiers est de 144 soldats, 6 caporaux, 3 sergents ; celui d'une ambulance de corps est de 184 soldats, 6 caporaux et 3 sergents brancardiers.

Dans notre organisation actuelle les moyens de transport de blessés sont rattachés aux ambulances. L'ambulance de division possède 4 grandes voitures, pour blessés, à quatre roues, et 4 petites voitures à deux roues, 15 paires de cacolets. L'ambulance de corps possède 9 grandes voitures à quatre roues, 12 petites voitures à deux roues, 24 paires de cacolets. Afin de remédier à l'insuffisance des mulets de réquisition, une circulaire ministérielle a supprimé, il y a deux ans, dans les ambulances de division et dans les ambulances de corps, la totalité des litières, ce qu'aucun de nous ne regrettera, et le quart environ des cacolets, et les a remplacés par des chariots de parc aménagés pour recevoir 15 brouettes porte-brancard. L'ambulance de corps comprend trois de ces chariots de parc, soit 45 brouettes porte-brancard, et l'ambulance de division comprend deux de ces chariots, soit 30 brouettes porte-brancard. Les brouettes, dont la structure est remarquable et même élégante, constituent un excellent moyen de transport, parfaitement suspendu, et qui a l'avantage de se passer de chevaux et de mulets, auxquels tous nos mouvements sont toujours trop rivés.

Cette partie de notre organisation sanitaire sera complètement remaniée dans le nouveau règlement. Les moyens de transport des blessés seraient libérés des ambulances, au moins en grande partie, et constitués en organes autonomes chargés du relèvement et de l'évacuation. Ce sera alléger les ambulances. Nous pouvons déjà également compter sur les voitures automobiles pour poids lourds, qui dans l'avenir remplaceront nos convois auxiliaires attelés. Ces camions automobiles, mis momentanément à la disposition du service de santé, nous assureront un rendement plus rapide, qu'on peut estimer quadruple, dans l'évacuation des blessés du champ de bataille et permettront les évacuations à plus grande distance. Nous nous trouverons ainsi plus à l'aise pour installer nos ambulances assez loin de la ligne de feu à l'abri de l'artillerie ennemie. Aux dernières grandes manœuvres du Sud-Ouest un essai de ravitaillement depuis Bordeaux par voitures automobiles a réussi parfaitement, malgré la grande distance (une centaine de kilomètres). Des malades très graves ont été évacués par ces voitures de a zone des manœuvres jusqu'à Bordeaux ; ils étaient couchés sur le sol des voitures garni de paille. L'évacuation s'est faite à une vitesse dépassant 25 kilomètres à l'heure et par des routes souvent très mauvaises. Les malades se sont plaints d'avoir été extrêmement secoués. Il semble qu'en campagne, en raison du mauvais état des routes qui seront défoncées, il serait indispensable de munir ces camions automobiles d'appareils de suspension pour le transport des blessés.

Nos grandes voitures à quatre roues pour blessés, qui ne peuvent utiliser que les chemins carrossables, seraient à remplacer par des voitures automobiles spécialement aménagées pour le transport des blessés. Nous garderions nos voitures légères à deux roues, qui peuvent passer un peu partout et sont susceptibles d'être amenées dans les terres au voisinage même des blessés, avec les mulets de cacolets et les chariots porte-brancard, ce qui aurait l'avantage de réduire les transports à bras.

La petite voiture à deux roues devrait pouvoir recevoir sur le siège, éventuellement, des blessés assis, un ou deux blessés, suivant le modèle de la voiture. Il suffirait pour cela de légères modifications à la construction de cette voiture. Ainsi la voiture du type 1889, qui est le dernier modèle, pourrait recevoir sur le siège trois hommes assis ; le conducteur et deux blessés. La charge se trouverait bien répartie, à condition qu'on mît les sacs des blessés dans le coffre arrière et que les blessés couchés fûssent placés les pieds dirigés vers l'avant. Les seuls changements à apporter consisteraient à modifier l'appui-pieds et les galeries de fer du siège. Quand cette voiture circulerait en plein champ ou dans de mauvais chemins terrés, le chargement serait limité au transport de deux blessés couchés, ce qui ne donne qu'un poids utile de 200 kilogrammes. Mais sur route, il n'y aurait aucun inconvénient à faire monter un ou deux blessés assis, pour augmenter notre rendement d'évacuation. Avec ce chargement complet le poids utile à tirer par le cheval serait porté à 500 kilogrammes, ce qui ne semble pas excessif sur route et au pas. D'autre part, il est à considérer que cette charge maximum ne serait obtenue généralement que pour de courts trajets, la voiture étant le plus souvent traînée à vide.

Les grandes voitures de transport de blessés à quatre roues, qui suivent les régiments d'infanterie, manqueront souvent à l'ambulance ; elles pourront ne pas reprendre le contact au moment voulu, s'égarer. La véritable voiture d'ambulance est la voiture à deux roues, qui ne quitte pas l'ambulance[1], et qui a l'avantage de passer un

---

[1] A l'exception de la voiture à deux roues détachée de l'ambulance et mise à la disposition de chaque bataillon de chasseurs à pied, pour assurer pendant la route le transport des malades.

peu partout. Pour le rendement de nos transports il serait donc vraiment important que cette voiture puisse éventuellement sur route transporter un ou deux blessés assis en même temps que deux blessés couchés. A mon avis assigner à cette voiture le seul transport de deux blessés couchés semble tout à fait insuffisant.

Pour la recherche des blessés, nous pouvons compter maintenant sur un nouvel aide précieux, le *chien sanitaire* que j'aimerais mieux appeler le *chien ambulancier*. En France, le chien sanitaire a suscité un apôtre en M. le capitaine Tollet qui, sous le pseudonyme de Pierre Saint-Laurent, a présenté un premier travail sur l'utilisation et le dressage du chien. Plus récemment M. Tollet, qui est un peu des nôtres, puisqu'il est le gendre de notre camarade le docteur Granjux, directeur du *Caducée*, nous a donné sur le chien sanitaire un intéressant opuscule en collaboration avec M. le médecin-major Bichelonne. En une séduisante préface à cet opuscule, M. le médecin inspecteur Czernicki nous raconte un épisode qui vous fera saisir de suite l'importance de notre nouvel aide. « Le 19 août 1870, j'ai trouvé en parcourant les champs de bataille de Rezonville-Gravelotte, deux blessés de la brigade Lapasset, qui, tombés dans la journée du 16 août, c'est-à-dire trois jours auparavant, et réfugiés à une distance de 300 mètres environ l'un de l'autre dans des excavations, à la lisière du bois du ravin de Gorze, n'avaient vu âme qui vive depuis le moment où ils avaient été blessés. Et cependant le terrain avait été parcouru par les belligérants et fouillé par les ambulances. Il est hors de doute qu'un chien dressé les eût rapidement découverts. »

MM. Bichelonne et Tollet ont dit excellemment : « La nécessité du chien sanitaire s'impose : il ne faut plus que l'on puisse, plusieurs mois, plusieurs années parfois, après une guerre, retrouver le cadavre d'un malheureux abandonné. Avec des chiens sanitaires bien dressés, peu de blessés pourront échapper aux recherches. C'est une chance de plus qu'il faut accorder à l'homme, qui a donné son sang pour la défense du sol natal, d'échapper à une mort affreuse ; c'est une œuvre humanitaire au plus haut degré qu'il s'agit d'organiser en France. »

A l'étranger, en Belgique, en Hollande, en Suède, en Italie et surtout en Allemagne, on a depuis longtemps dressé des chiens pour la recherche des blessés. Il m'est impossible de vous exposer toutes les tentatives faites jusqu'ici, pas plus que de vous présenter dans tous ses détails la question du chien sanitaire. Je ne puis faire mieux que vous renvoyer à la lecture de l'opuscule de MM. Bichelonne et Tollet. Cependant, je dois vous rappeler que dans la guerre anglo-boër les chiens dits *collies* ont sauvé la vie à des centaines de blessés que ne pouvaient retrouver les brancardiers, et que dans la guerre russo-japonaise trois chiens expédiés par l'Association allemande du chien sanitaire ont, en Mandchourie à la bataille du Cha-Ho, dépisté la présence de 23 blessés, qui étaient totalement abandonnés. En France, nous sommes enfin entrés officiellement dans le mouvement ; nous avons maintenant la *Société nationale du chien sanitaire*, qui se consacre au développement du chien capable de rechercher les blessés sur le champ de bataille. Quelques-uns de nos camarades, les médecins-majors Castaing et Rudler se sont aussi adonnés à cette étude du dressage du chien.

Le chien bien dressé quête devant son conducteur, dont il s'écarte à 100, 150, 200 mètres au maximum, battant le terrain, à droite et à gauche. Quand il a découvert un blessé, il a plusieurs moyens de le signaler. Ou bien il aboie et ne cesse ses aboiements que lorsque son conducteur arrive auprès du blessé. Ce n'est pas le meilleur moyen, parce que les aboiements peuvent appeler l'attention de l'ennemi, et parce qu'on se guide difficilement sur la voix du chien pour aller vers le blessé. Ou bien il apporte le képi du blessé à son conducteur, qu'il ramène ensuite vers le blessé. S'il n'a pas trouvé de képi ou d'autres objets à rapporter, il revient vers son conducteur et lui manifeste par un aboiement discret qu'il a découvert un blessé, vers lequel il le guide. Ce sont les chiens dit *bergers* qui ont paru le plus aptes à ce dressage.

Le chien sera muni d'un collier à grelot, ce qui permet de mieux le suivre pendant sa quête. On pourrait lui mettre un surfaix dans lequel on placerait un cordial et des objets de pansement.

Les bataillons de chasseurs allemands sont pourvus de chiens de guerre qui seraient, paraît-il, dressés pour remplir le rôle triple de chien d'avant-poste, de chien-estafette, de chien sanitaire. Les chiens d'avant-poste ont pour mission d'accompagner les postes avancés et les patrouilles, surtout la nuit ; ils préviennent de l'approche de l'ennemi par des grognements. Le chien-estafette est dressé à rapporter en arrière les renseignements envoyés par les détachements avancés et à rejoindre ensuite ces détachements. Mais il faut remarquer que la vitesse d'allure du chien-estafette, que le grognement du chien d'avant-poste, qui est une manifestation de défense, sont mal conciliables avec l'éducation et les qualités du chien sanitaire. Le chien sanitaire doit quêter avec calme et ne connaît pas d'ennemis.

Chaque ambulance, ou chaque compagnie de transport sanitaire chargée du relèvement des blessés, devrait avoir un ou deux chiens dressés spécialement. Ces chiens sont appelés à nous rendre de très grands services. Le *chien ambulancier* serait particulièrement précieux pour rechercher les blessés en terrains accidentés, dans les bois, dans les fourrés où ils se sont blottis, la gravité de leur état ne leur permettant souvent plus de se déplacer ou de faire appel. Dans les pays de plaine il sera évidemment beaucoup moins utile. Sa mission, disent MM. Bichelonne et Tollet, commence au moment où le nombre des blessés diminue et où la difficulté de leur recherche augmente.

Le sifflet peut nous être également un adjuvant pour la recherche des blessés. Si les soldats étaient tous munis d'un sifflet, ils pourraient, dans certains cas, attirer l'attention des brancardiers passant dans leur voisinage. Tel blessé, qui n'a plus la force d'appeler à son secours par des cris, pourra encore donner un coup de sifflet. M. Matignon a imaginé de transformer en sifflet la plaque d'identité qui est portée par chaque homme.

Au relèvement des blessés pendant la nuit se lie la question de l'éclairage du champ de bataille, qui n'a pas encore reçu de solution décisive. Évidemment, par un beau clair de lune, par une nuit très étoilée, les équipes de brancardiers pourront se guider sans éclairage. Mais par la nuit obscure l'éclairage du terrain sera de toute nécessité pour pratiquer la recherche et le relèvement des blessés. « Qui de nous, a écrit M. le médecin aide-major Motais, au cours de soirées pluvieuses et absolument sombres ne s'est pas heurté dans un obstacle qui barrait un chemin, ou ne s'est pas laissé choir dans un fossé bordant une grande route ? Ces nuits-là sont fréquentes et, pendant la majeure partie de l'année, les ténèbres ne permettent que des recherches tout à fait insuffisantes [1] ».

Dans les opérations militaires de nuit, il est de règle pour la troupe d'éviter tout bruit, toute lumière, pour ne pas éveiller l'attention de l'ennemi. La lumière est visible de très loin : la flamme d'une allumette, la lueur d'une pipe peut trahir et faire échouer le mouvement le mieux combiné. Les même exigences n'existent pas pour les équipes de brancardiers opérant la nuit sur le champ de bataille. Il n'est plus ici question de ne pas éveiller l'attention de l'ennemi ; les armées combattantes se savent

---

[1] Motais, *De la recherche des blessés sur le champ de bataille.* — Thèse, 1908, Bordeaux.

en présence. Mais ce qu'il faut éviter c'est que les foyers d'éclairage, que nous emploierons, soient visibles de loin et attirent le feu de l'ennemi. Les Allemands en 1870 avaient l'habitude de tirer des coups de fusil sur les feux ou les lumières qu'ils pouvaient apercevoir du côté français les soirs de bataille. « Les moyens d'éclairage du champ de bataille, a écrit Matignon, ont été abandonnés par les Japonais. Ils ne sont utilisables que lorsque l'ennemi est à 2 ou 3 kilomètres. Mais tant qu'il est sur ses positions, les lanternes ne feront qu'attirer son feu ». « Notre compagnie sanitaire, rapporte le Generalartz Haga, avait avec elle une lampe à pétrole, mais elle n'en a pas fait usage. Dès que cette lumière était visible, l'ennemi recommençait le feu. »

Ces faits sont la condamnation de tous les appareils d'éclairage utilisés jusqu'ici. Le foyer lumineux des appareils à acétylène en particulier est visible de très loin et forme un excellent point de mire. Nous avons le devoir de tenir compte de ces conditions pour notre éclairage du champ de bataille, sinon nous pourrions craindre que le commandement ne nous permît pas de faire cet éclairage.

De quels moyens d'éclairage disposons-nous actuellement ? Dans l'approvisionnement de la voiture médicale régimentaire il existe une lanterne pour brancardier ; c'est une lanterne à huile. Dans l'approvisionnement des ambulances nº 1 se trouvent douze lanternes à bougie, avec réflecteur et souche ; il en existe quatre analogues à l'hôpital de campagne. Ces deux types de lanterne manquent de pouvoir éclairant et s'éteignent facilement par le vent. Il y a quelques années, l'ambulance divisionnaire était dotée d'une lampe au magnésium. Cette lampe, qui était mue par un mouvement d'horlogerie, coûtait très cher et fonctionnait mal ; elle a été supprimée.

Dans toutes les armées on a fait des essais d'éclairage du champ de bataille pour le relèvement des blessés. La lumière électrique a été expérimentée en Allemagne, en Autriche. L'appareil générateur était porté sur une voiture spéciale à quatre roues et nécessitait un personnel technique. La projection lumineuse intense pouvait s'étendre jusqu'à 2 et 3 kilomètres sur une largeur de 40 à 50 mètres. D'une façon générale les projections provenant de foyers puissants ne conviennent pas pour la recherche des blessés et l'expérience paraît les avoir fait abandonner. Lorsqu'on sort de leur faisceau lumineux, les [ombres apparaissent beaucoup plus intenses. Leur utilisation est absolument impratique dans les terrains accidentés, dont les creux ne peuvent pas être éclairés. D'autre part c'est un éclairage mobile, partiel, qui éblouit là où il frappe. Ce sont autant de conditions défavorables pour les recherches effectuées à la fois par de multiples équipes, qui tantôt seraient trop éclairées et tantôt ne le seraient pas du tout. On a aussi essayé de petits foyers électriques, des lampes portatives du modèle de Trouvé.

Dans les expériences acquises c'est l'acétylène qui jusqu'ici a donné les meilleurs résultats et c'est lui qui très probablement nous fournira notre éclairage sanitaire. Des essais ont été faits avec des phares, avec de petites lampes du modèle généralement utilisé par les bicyclistes. Dans les approvisionnements de guerre du service de santé de l'armée anglaise, il existe des lampes à acétylène. Le budget allemand pour 1908 prévoyait l'introduction de lampes à acétylène dans le matériel de campagne. Quelles conditions devons-nous exiger de cet éclairage ?

Nous savons que le relèvement des blessés pour donner un bon rendement doit être fait par des équipes multiples opérant séparément. Il serait donc indispensable que chaque équipe ou chaque groupe de deux équipes, quêtant côte à côte, fût muni d'un moyen d'éclairage. Ce serait une lampe portative lui permettant d'éclairer isolément son champ de recherche et de fouiller les accidents de terrain. Cette lampe devrait réunir un certain nombre de qualités : être assez résistante pour supporter les chocs et le défaut de précautions des brancardiers ; avoir un pouvoir éclairant suffisant ; être facilement portative de façon à être tenue à la main pendant un temps qui pourra être long et sans immobiliser complètement un brancardier ; être sans danger et maniable par le premier venu ; être alimentée avec une substance peu encombrante, facilement transportable et dont on pourra s'approvisionner partout ; pouvoir servir aussi pour l'éclairage du poste de secours ou d'une salle d'opérations. Enfin il est une autre condition qui me paraît indispensable et sur laquelle je crois avoir été le premier à attirer l'attention : c'est *l'invisibilité du foyer lumineux*, afin d'éviter qu'il serve de point de mire au tir de l'ennemi. C'est sur ces données que nous avons recherché une lanterne à acétylène et que j'ai étudié avec M. le professeur Gossart, de la Faculté des sciences de Bordeaux, un modèle qui nous paraît réunir toutes les conditions désirables. Cette lanterne a déjà été expérimentée en 1906 aux manœuvres du service de santé de Toulouse, puis en 1907 aux manœuvres du service de santé de Bordeaux[1]. Depuis lors nous avons continué à l'étudier et elle a été l'objet de successives modifications. La mise au point du modèle définitif sera acquise prochainement.

Avant de vous parler de cette lampe, je crois devoir vous donner quelques indications générales sur l'acétylène, puisque très probablement il sera l'éclairage sanitaire de l'avenir, et à ce titre il vaut bien une initiation, à laquelle moi-même je me suis soumis. Vous me par-

---

[1] DOCHE, « Les manœuvres du service de santé du XVIIIe corps ». — *Caducée*, **23** novembre 1907.

donnerez cette digression, que je crois utile, puisqu'elle vous permettra de comprendre les raisons de supériorité et aussi les quelques inconvénients de ce mode d'éclairage pour notre application spéciale. Ce n'est évidemment plus de la tactique médicale militaire ; mais nous sommes École d'instruction et ce sont-là des notions intéressantes pour tous et qui pourront faciliter les recherches de ceux d'entre-vous qui seraient tentés d'étudier plus complètement cette question d'éclairage du champ de bataille, dont l'importance ne saurait certainement vous échapper.

Vous savez que l'acétylène est une conquête de la science française, que Berthelot en 1866 fit la synthèse de l'acétylène. Mais il resta longtemps encore un gaz de laboratoire, jusqu'en 1892, époque à laquelle le regretté Moissan découvrit la fabrication du carbure de calcium dans son four électrique par la combinaison des vapeurs de calcium sur les électrodes de charbon. Le carbure de calcium entra alors bientôt dans la production industrielle.

De tous les composés hydrogénés du carbone, l'acétylène est le plus riche en carbone, ce qui explique l'intensité de son pouvoir éclairant. Les particules de carbone provenant de la dissociation du gaz sont portées à l'incandescence pendant leur combustion et émettent des rayons lumineux. La lumière est d'autant plus abondante que les particules de carbone sont plus nombreuses et qu'elles sont rendues plus incandescentes par la chaleur de la flamme. Pour que cette flamme ait un grand pouvoir éclairant, il faut que le gaz brûle dans des conditions convenables, c'est-à-dire avec une proportion d'air suffisante. Si l'apport de l'air est insuffisant, vous verriez la flamme devenir fuligineuse et il se déposerait du noir de fumée. C'est la plus belle des lumières, la plus blanche et la plus fixe. Sa fixité est parfaite, même à l'air libre. La flamme de l'acétylène résiste au vent, ce qui est pour nous une qualité de première importance. Sa flamme aussi est extrêmement chaude. La chaleur provient de la combustion du carbone et de la chaleur restituée par l'acétylène, qui est un composé dit endothermique ; en effet, pour se former, l'acétylène absorbe 52 calories et, en se dissociant, il rend toute la chaleur qu'il avait absorbée lors de sa formation. Les produits de combustion de l'acétylène sont l'acide carbonique et la vapeur d'eau. L'acétylène a une odeur alliacée caractéristique qui n'a rien de désagréable. Cette odeur a l'avantage de décéler sa présence même en très faible quantité dans l'air. D'ailleurs l'acétylène est peu toxique ; il ne se fixe pas sur l'hémoglobine comme l'oxyde de carbone. Il deviendrait dangereux, comme tout gaz inerte, s'il se trouvait en quantité suffisante pour rendre l'air irrespirable ; à la dose où il peut se trouver dans l'atmosphère, il n'est pas toxique.

Par la pression, l'acétylène se liquéfie. Un litre d'acétylène liquide représente 285 litres d'acétylène gazeux. Mais sous cette forme, il est extrêmement explosible et non utilisable. L'acétone, liquide peu coûteux et peu volatil, a la propriété de dissoudre 240 volumes d'acétylène à la pression de 10 atmosphères. Cette dissolution présente l'avantage de ne pas être explosible. L'acétylène dissous est maintenant très utilisé pour l'éclairage. On l'emploie sous cette forme lorsqu'il est impossible d'avoir recours à un générateur d'acétylène, par exemple pour l'éclairage des wagons. L'acétylène dissous n'est pas utilisable pour notre éclairage spécial du champ de bataille. Il est contenu dans des tubes en acier volumineux, non portatifs, qui sont munis d'un manomètre détenteur. De plus, la recharge ne peut être faite que par une usine spéciale.

L'acétylène soumis à des influences telles que celle de l'électricité, d'un point en ignition ou d'un choc ne peut pas exploser s'il n'est pas à une pression supérieure à

2 atmosphères. C'est la proclamation de la complète innocuité de l'acétylène sous faible pression, tel qu'on l'obtient dans les lampes portatives, qui sont tellement inoffensives qu'on a jugé inutile d'en réglementer la fabrication.

Ce qui est explosif, c'est un mélange d'air et d'acétylène, à condition qu'ils soient dans la proportion de 3 à 10 volumes d'air pour 1 volume d'acétylène. La seule cause d'explosion est l'inflammation de ce mélange. Mais il n'est pas d'exemple d'explosion causée par une lampe portative. Une de ces lampes, dont le bec serait resté ouvert et laisserait échapper le gaz dans une chambre, n'en pourrait pas produire une quantité suffisante pour réaliser un mélange détonant. En réalité, c'est peut-être le moins dangereux de tous les éclairages, si on ne compte pas parmi les moyens d'éclairage la chandelle et l'huile à quinquet.

Voyons maintenant le produit générateur de l'acétylène, le carbure de calcium. Matière d'aspect gris foncé, ayant la dureté de la pierre, le carbure de calcium n'est pas inflammable. Il dédouble l'eau avec une très grande facilité et se décompose en acétylène et en oxyde de calcium. Un kilogramme de carbure de calcium donne environ 300 litres d'acétylène. Cette réaction s'accompagne d'un fort dégagement de chaleur, environ 500 calories, autrement dit : 1 kilogramme de carbure met en liberté la quantité de chaleur nécessaire pour porter de 0° à 100° cinq litres d'eau. Il en résulte un échauffement de l'appareil générateur, c'est-à-dire de la lanterne. Cet échauffement est, pour une certaine part, combattu par l'influence extérieure du refroidissement. En tout cas, il n'est pas tel qu'il entraîne la polymérisation de l'acétylène, dont le seul inconvénient, d'ailleurs, serait une perte de gaz. On sait que l'acétylène porté à une température très élevée se polymérise en produits divers : benzine, naphtaline, anthracène. Mais cette polymérisation ne commence qu'à partir de 130°. Nous sommes loin d'atteindre cette température avec notre lanterne en plein fonctionnement.

Le carbure de calcium doit être conservé dans des récipients hermétiques à l'abri de l'eau.

L'acétylène résultant de la décomposition du carbure de calcium commercial n'est pas chimiquement pur. Il contient des gaz étrangers, de l'hydrogène, de l'oxyde de carbone, de l'ammoniaque, de l'hydrogène sulfuré, de l'hydrogène phosphoré. Dans les appareils à installation fixe, on épure l'acétylène, l'épuration visant particulièrement l'hydrogène sulfuré et l'hydrogène phosphoré. Cette épuration ne peut pas se faire avec les appareils portatifs.

L'hydrogène et l'oxyde de carbone sont à l'état de traces et ne présentent pas d'inconvénients. La présence de l'ammoniaque, de l'hydrogène sulfuré, de l'hydrogène phosphoré tient à ce que le carbure de calcium commercial contient du carbure d'azote, du sulfure de calcium, du phosphure de calcium. L'ammoniaque est produite en très petite quantité et reste dissoute dans l'eau qui alimente le récipient à carbure. L'hydrogène sulfuré peut exister dans l'acétylène en quantité relativement grande, jusqu'à 1 p. 100. Sa production est influencée par la température : il s'en forme d'autant plus que la masse de carbure s'échauffe davantage. L'inconvénient de l'hydrogène sulfuré est de donner de l'odeur au gaz, ce qui nous importe bien peu, puisque nous opérons au grand air. La véritable impureté de l'acétylène, celle dont il faut tenir compte, est l'hydrogène phosphoré, qui est produit plus abondamment dans les appareils à chute d'eau. Cet hydrogène phosphoré est la cause de l'encrassement des becs à acétylène et de leur destruction. C'est d'ailleurs son seul iéconvénient pour les appareils portatifs, les seuls que nous ayons à envisager.

Maintenant que vous êtes documentés sur l'acétylène et

sur le carbure de calcium, je vais vous parler brièvement des appareils générateurs. Ils se divisent en deux groupes principaux : les appareils à chute d'eau sur le carbure et les appareils à chute de carbure dans l'eau.

Dans les appareils à chute d'eau, l'eau tombe goutte à goutte sur la masse de carbure. La quantité de gaz nécessaire est produite au fur et à mesure et par le fait même de la consommation. Si la consommation diminue, ou si la production est trop forte, le gaz entre en tension et arrête la chute de l'eau, c'est-à-dire la cause de production de gaz. Il s'effectue donc ainsi une sorte de réglage automatique. Pour décomposer un kilogramme de carbure, il faut seulement un litre d'eau. Tel est le principe de tous les petits appareils portatifs. Comme ils consomment le moins d'eau, ils ont l'avantage d'être moins volumineux, moins lourds. Ils sont d'une simplicité de construction et d'une sécurité de fonctionnement très grandes.

Les appareils à chute de carbure dans l'eau procèdent par projections successives de petites quantités de carbure dans une grande masse d'eau. L'acétylène fourni par ces appareils est plus pur que celui fourni par les appareils à chute d'eau. Ils ont l'inconvénient d'être à consommation d'eau beaucoup plus grande, d'être plus volumineux et plus lourds. Un appareil de ce genre a été présenté, il y a quelques années, par M. Seycheron, chirurgien des hôpitaux de Toulouse, pour l'éclairage du champ de bataille, et en 1906 il a été encore essayé aux manœuvres du service de santé de Toulouse. L'appareil est porté à dos d'homme. Les deux types d'appareils qui ont été présentés par M. Seycheron au Ministère de la guerre pesaient, chargés, l'un douze kilos et l'autre dix-huit kilos.

Tout appareil à acétylène se complète d'un bec, dont il existe dans le commerce une grande quantité de spécimens différents. Les becs sont percés d'un ou de plusieurs trous filiformes, par lesquels s'échappe le gaz. C'est une partie faible de tout appareil. Le brûleur en fonctionnement s'échauffe et l'acétylène se décompose, se polymérise dans la tête du bec. Les polymères en se condensant encrassent et finissent par obstruer les petits orifices d'écoulement. Les constructeurs se sont ingéniés à chercher des becs qui ne s'obstruent pas. Je ne puis évidemment m'attarder dans leur description. Nous avons adopté pour notre appareil d'éclairage le bec Bray, qui est très solide et très bon marché. Il est formé d'une monture en cuivre jaune, qui sertit une tête en porcelaine, dans laquelle sont percés deux trous. Les jets de gaz, qui s'en échappent, forment entre eux un angle de 45° et s'écrasent en produisant une flamme en forme de papillon. Pour l'entretenir en bon état, il suffit de le brosser avec une brosse fine. Si le bec est encrassé, on le débouche au moyen d'une épinglette qu'on enfonce d'environ un demi-centimètre dans les passages. Ce sont les plus simples et les plus utilisés dans le public pour les appareils portatifs. Ils ont surtout l'avantage de ne coûter que dix centimes, ce qui permet de les remplacer plus facilement.

Si nous nous rappelons les qualités nécessaires à la lanterne du brancardier, il apparaît d'une façon évidente que nous devons donner le choix à un appareil à chute d'eau sur le carbure, parce que les appareils de ce genre sont plus portatifs.

Le but à atteindre est d'éclairer vivement une zone de terrain et de rendre cette lumière invisible à l'ennemi. Le problème a été résolu en dissociant les deux éléments de la flamme : le foyer lumineux et la clarté émise. Le foyer lumineux est visible à plusieurs kilomètres. On en supprime la vue en le couvrant d'un réflecteur de forme spéciale qui le masque. Il reste un cône de clarté lumineuse, dont la visibilité est beaucoup moindre et qui disparaît à une distance moyenne de 300 mètres. C'est l'invisibilité réalisée. Si la nuit venue, vous regardez un phare puissant d'automobile à une certaine distance, par exemple à 500 mètres, vous ne voyez pas la zone éclairée, vous distinguez à peine les haies, les arbres qui sont autour de la machine ; vous ne voyez qu'un point lumineux vif ; le foyer du phare. Si par une nuit noire vous examinez l'enfilade d'une longue rue éclairée, vous voyez tout près de vous, au-dessous de chaque bec de gaz, des zones bien éclairées. En regardant plus loin, vous constatez que les zones de clarté deviennent de plus en plus étroites et de moins en moins lumineuses. Plus loin encore et aussi loin que peut porter la vue, vous ne distinguez plus que les seuls foyers des becs de gaz qui trouent, pour ainsi dire l'obscurité. Ce sont ces faits d'observation, qui m'ont donné l'idée de l'éclairage invisible au loin.

Notre lampe, que je vais vous décrire brièvement, est un appareil à chute d'eau sur le carbure. Elle se compose de trois parties : le récipient à carbure, producteur d'acétylène ; le régulateur d'eau ; le distributeur de l'éclairement, pourvu d'un trépied,

Le récipient à carbure est de forme cylindrique, d'une capacité d'un litre ; il contient un panier métallique mobile pouvant recevoir 500 à 600 grammes de carbure. Au centre est un tube de sortie, coiffé par un couvercle conique, par lequel s'échappe l'acétylène, qui abandonne ses poussières en traversant le coton contenu dans ce tube de sortie. Le couvercle s'adapte hermétiquement sur les bords du récipient par une gorge munie d'un cuir embouti, le serrage se faisant par trois boulons à vis articulés.

Le régulateur d'eau qui fait corps avec le couvercle est d'une contenance de trois quarts de litre. L'eau s'écoule goutte à goutte par un piston à rainures capillaires. Quand on élève le piston, qui est muni d'une vis, l'eau s'écoule par les rainures capillaires ; quand on l'abaisse, il se produit un serrage qui arrête l'écoulement de l'eau.

Le distributeur d'éclairement placé au-dessous du récipient à carbure, en est séparé par un dispositif spécial, qui empêche l'échauffement de la chambre à carbure ; il se termine par trois pieds sur lesquels repose l'appareil. Il consiste en un réflecteur qui diffuse la lumière et cache le foyer lumineux, et en une gaîne par laquelle se ventile la chaleur dégagée par la flamme. L'éclairage se répand sur une ciconférence variable de 10 à 50 mètres de rayon suivant qu'on élève ou qu'on abaisse le réflecteur, et la clarté ainsi obtenue disparaît à une distance de 300 à 400 mètres [1].

Au-dessous du réflecteur se trouve le bec avec son papillon lumineux, à flamme ascendante.

Toutes les pièces principales de la lampe sont en aluminium. Chargée, elle pèse 4 kilogrammes ; elle donne un éclairage de six à sept heures, sans recharge. La lampe est tenue à la main au moyen d'une poignée fixée sur le milieu du couvercle ; elle peut également être portée à l'épaule par une courroie.

Dans cette lampe on peut, comme nous l'avons dit, arrêter à volonté le dégagement d'acétylène, en arrêtant l'arrivée de l'eau, ce qui est un avantage très appréciable. Mais l'arrêt de la lumière n'est pas brusque ; il ne se fait qu'au bout d'une quinzaine de minutes. Voici en effet ce qui se passe. Au contact de l'eau le carbure s'est recouvert d'une couche de chaux. Au moment où l'eau cesse de tomber sur le carbure, la chaux hydratée qui enrobe le carbure continue à lui fournir de l'eau, ce qui détermine la continuation du dégagement d'acétylène jusqu'à dessication complète de la chaux. Puis l'appareil pourra

____

[1] Lorsqu'on est loin de l'ennemi, ou qu'on ne craint pas d'être vu, ou qu'on veut éclairer un poste de secours, une salle d'opérations, le réflecteur est relevé, le foyer devient apparent et l'éclairage se répand sur une grande étendue.

être remis en marche, quand il sera nécessaire, avec sa charge de carbure restant.

Cependant il ne faut pas s'illusionner, le relèvement des blessés pendant la nuit obscure, même avec des moyens d'éclairage, sera entouré de grandes difficultés et pour les équipes de brancardiers qui devront battre le terrain et pour l'amenée des moyens de transport à proximité. Les blessés seront transportés au point le plus voisin de la route carrossable, où le relai d'ambulance aura pu accéder pendant la nuit, sans être vu de l'ennemi. Il importe en effet de diminuer le plus possible la distance à parcourir par les brancardiers pour gagner du temps : le transport à bras, nous l'avons déjà dit, est long et fatigant. Si les conditions du terrain le permettent, les voitures à deux roues, les brouettes porte-brancard et les mulets de cacolets seront amenés sur les chemins de terre, aussi près que possible des nids de blessés, ce qui sera relativement facile pendant la nuit.

Ces opérations de nuit seront pour notre personnel une cause de grandes fatigues. Le manque de sommeil enlève de la vigueur, et dans l'obscurité les déplacements sont forcément lents. Cependant le relèvement des blessés pendant la nuit deviendra une réalité à laquelle nous devrions nous préparer, si nous voulons que nos blessés soient secourus et relevés. Sinon seront seuls secourus ceux qui auront pu se traîner pendant 5 à 6 kilomètres jusqu'aux stations de pansement.

Les brancardiers auront besoin d'un dressage spécial. Ils devront se familiariser avec l'obscurité : celle-ci trouble nos sens de la vue et de l'ouïe, qui sont mis à chaque instant en défaut et ont besoin d'une éducation nouvelle. Pendant la nuit on voit les objets sous une forme et avec des dimensions très différentes. On les juge à une distance qui ne correspond pas à la réalité. Une petite colline paraît une montagne ; un léger creux de terrain produit l'effet d'un ravin. La lumière est visible de très loin et le bruit se transmet avec une grande acuité. L'oreille perçoit à distance les bruits les plus légers. Les brancardiers doivent ne pas faire de bruit ; ils doivent apprendre à voir et à entendre pendant la nuit.

Dans les ténèbres il est difficile de se diriger. Les erreurs de direction sont fréquentes. On pourrait jalonner avec des fanions, que la distauce rendra invisibles aux ennemis. Il faudra apprendre aux brancardiers à s'orienter la nuit. Ils s'habitueront à reprendre le chemin par lequel ils sont venus, à utiliser la boussole ; ils se serviront surtout des repères du terrain, mouvements du sol, rivières, routes, bois, constructions, arbres. Par les nuits claires on pourra également utiliser l'étoile polaire.

Comme conclusion, le relèvement des blessés pendant la nuit serait donc possible par l'emploi de lanternes portatives à acétylène, dont le foyer invisible n'attirerait pas le feu de l'ennemi. On peut penser d'une façon absolue que l'action sanitaire par les nuits obscures serait nulle ou presque nulle, même avec le chien sanitaire, si on ne disposait pas de moyens d'éclairage. Sans éclairage les équipes de brancardiers ne peuvent pas guider leurs pas sur un terrain toujours plus ou moins accidenté et qui ne leur est pas connu. La difficulté augmente encore si elles s'avancent avec brancard chargé.

L'étude de notre appareil d'éclairage nous a entraînés à des recherches prolongées. Dans ces essais répétés et souvent infructueux, nous n'avons été soutenus que par l'importance du but à atteindre. Il faut que nous ayons un moyen d'éclairage acceptable pour opérer le relèvement, ou bien nous devons nous résoudre à laisser nombre de nos blessés mourir sans secours sur le champ de bataille.

Paris. — Imprimerie R. CHAPELOT et Cᵉ, 2, rue Christine.